Aromatisches
BROT

Aromatisches
BROT

von Linda Collister
Fotos von Patrice de Villiers

Aus dem Englischen
von Josephine Jangowski

CARLSEN

Künstlerische Leitung: Jacqui Small
Graphische Gestaltung: Penny Stock
Redaktion: Elsa Petersen-Schepelern
Fotografie: Patrice de Villiers
Foodstyling: Linda Collister
Styling: Hannah Attwell
Produktion: Kate Mackillop
Übersetzung: Josephine Jangowski

Für Stevie

Anmerkung: Der Backofen sollte in jedem Fall auf die im Rezept angegebene Temperatur vorgeheizt werden – bei einem Heißluftofen ist die Temperatur den Angaben des Herstellers entsprechend anzupassen.

Die meisten Brote in diesem Buch können bis zu einem Monat eingefroren werden. Ausnahmen sind Fougasse (Seite 12), Focaccia mit Kirschtomaten und Basilikum (Seite 16), Roggen-Kümmel-Brot (Seite 29) und Mehrkornbrot (Seite 35). Diese Brote sollten nicht eingefroren werden.

1. Auflage 1999
Alle deutschen Rechte Carlsen Verlag GmbH, Hamburg 1999
Originaltitel: Flavoured Breads
Originalverlag: Ryland, Peters & Small, London 1997
Text © 1997 Linda Collister
Satz: KCS GmbH, Buchholz/Hamburg
ISBN 3-551-85094-1
Printed in China

INHALT

Einleitung

Die Auswahl im Supermarkt ist exotisch und überwältigend – warum also selbst Brot backen? Natürlich läßt sich dabei Geld sparen, und unbestritten hat selbstgebackenes Brot eine Geschmacksfülle und einen Biß, an den kein gekauftes Brot heranreicht. Das Backen selbst ist ganz einfach – Mehl, Hefe, Salz, Wasser, ein Backblech, ein Backofen und etwas Geduld sind alles, was dazu benötigt wird.

Das besondere Aroma selbstgebackenen Brotes resultiert aus der Verwendung hochwertigen Mehls. Links oben ist Dinkelmehl zu sehen: eiweißreich und mit höherem Vitamin- und Mineralstoffanteil als herkömmliches Mehl. Gemalztes, braunes Mehl ergibt leichte Brote mit nußartigen Weizenstücken. Helles Weizenmehl kann mit anderen Mehlsorten gemischt werden und ergibt reizvolle Mischbrote.

Unten von links: Weizenvollkornschrot, aus dem feste, etwas rauhe Brotlaibe entstehen. Roggenschrot war einstmals die wichtigste Mehlsorte in Europa, wird aber heutzutage üblicherweise mit Weizen gemischt oder nur als Aromat zu Sauerteigen hinzugefügt.

Backtriebmittel sind unter anderem Trockenhefe (rechts oben) und frische Hefe. In Folie verpackt hält sich frische Hefe eine Woche im Kühlschrank oder einen Monat in der Tiefkühltruhe.

Beim Brotbacken wird Trockenhefe mit Mehl vermischt, frische Hefe dagegen mit Flüssigkeit, meist Wasser, angerührt. Das Aroma des Teiges entsteht aus den Charakteristika des Grundmehls (im Bild von links nach rechts etwa Weißmehl oder Vollkornmehl) oder durch Zusätze wie Mohn, Roggenmehl oder Walnüsse.

Die für den Teig benötigte Wassermenge hängt vom verwendeten Mehl, von den Aromazusätzen, ja selbst vom Wetter ab. Die ideale Konsistenz ist dabei weich, aber nicht klebrig – nötigenfalls mit Wasser oder mehr Mehl nachhelfen. Salz ist ein wesentlicher Bestandteil. Bei zu wenig Salzzugabe geht der Teig zu schnell auf und fällt in sich zusammen, zu viel Salz beeinträchtigt oder verhindert die Funktion der Hefe völlig. Gründliches Kneten ist besonders wichtig. Dabei wird Gluten frei, die Substanz im Mehl, die die von der Hefe erzeugte Kohlensäure zum Auflockern des Teiges benötigt. Zudem wird durch das Kneten sichergestellt, daß die Hefe gut verteilt wurde, so daß der Teig gleichmäßig aufgeht. Geknetet wird von Hand, mit den Knethaken des elektrischen Handmixers oder der Küchenmaschine. Teig beim Gehenlassen immer abdecken, da sich sonst eine trockene Kruste bildet, die

später harte Brocken im Brot ergibt. Den Teig deshalb immer mit einem feuchten Küchenhandtuch zudecken. Eine zu kurze Gehzeit ergibt kleine, sehr kompakte Brote. Zu lange Gehzeit ist noch schlimmer: Teig, der sich zu stark ausgedehnt hat oder zu schnell gegangen ist, wird beim Backen zusammenfallen.

Das Vorheizen des Ofens ist sehr wichtig. Ein wirklich heißer Ofen beendet die Gärfähigkeit der Hefe sofort, zu hohes Aufgehen wird somit verhindert. Jeder Ofen hat seine eigenen Charakteristika, die im Rezept angegebenen Backzeiten sollten nur als ungefähre Angaben verstanden werden. Ein einfacher Gartest: Brot aus der Form nehmen und mit den Fingerknöcheln auf den Boden klopfen – fertiges Brot klingt hohl tönend. Falls nicht, weitere 5 Minuten backen und erneut probieren. Gebackenes Brot sollte vom Blech oder aus der Form genommen werden und auf einem Gitterrost auskühlen, damit sich eine gute Kruste bildet. Das Brot erst nach dem vollständigen Erkalten aufschneiden.

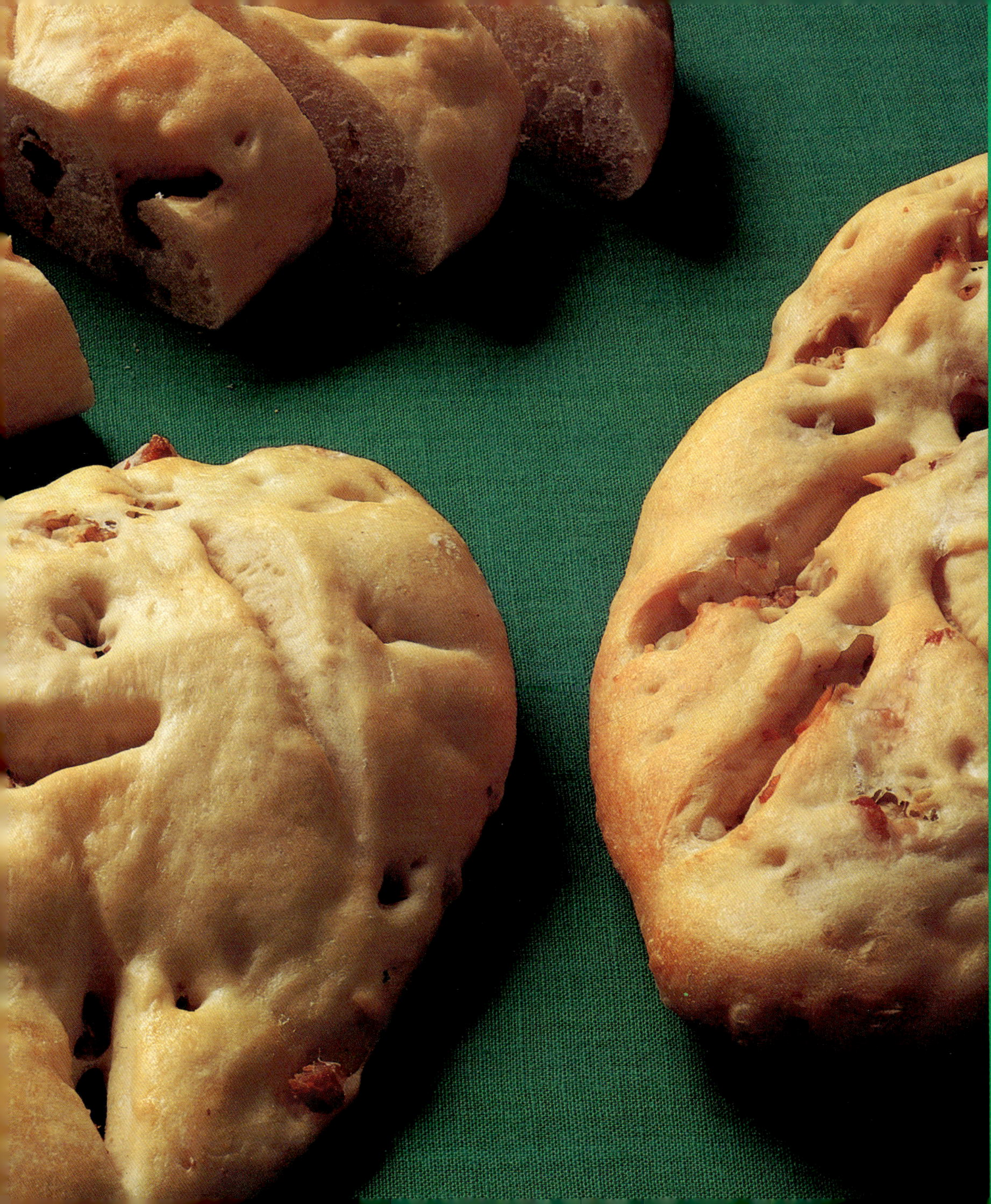

BROTE DES MITTELMEERRAUMES

Speck-Walnuß-Fougasses

1 EL Oliven- oder Pflanzenöl
85 g Räucherspeck, fein gewürfelt
60 g Walnüsse, grob gehackt
700 g ungebleichtes Weizenmehl
(Type 405)
2 TL Meersalz
15 g frische Hefe, zerkrümelt *
300 g lauwarmes Wasser
1 mittelgroßes Ei, verrührt
3 EL Olivenöl
Mehl zum Bestäuben
Öl zum Bestreichen

Mehrere Backbleche, gefettet

Ergibt 8 Stück

* Bei Verwendung von Trockenhefe einen 7-Gramm-Beutel mit Mehl und Salz mischen.

Öl in einer Pfanne erhitzen, den Speck goldbraun und knusprig, aber nicht hart braten. Auf Küchenpapier abtropfen lassen, dann mit den Walnüssen mischen.

Mehl und Salz in eine große Schüssel geben, gut vermischen und eine Vertiefung in die Mitte drücken. In einer kleinen Schüssel Hefe mit dem Wasser cremig rühren. In die Vertiefung gießen, dann Ei und Olivenöl zugeben.

Vorsichtig mit dem Mehl vermischen, bis sich ein weicher, aber nicht klebriger Teig ergibt. Sind noch Teigkrümel am Boden der Schüssel, mehr Wasser verwenden. Klebt der Teig an den Fingern, eßlöffelweise Mehl zufügen.

Den Teig auf eine leicht bemehlte Arbeitsfläche legen und 10 Minuten durchkneten, bis er sich weich, sehr elastisch und seidig anfühlt. In eine leicht geölte Schüssel legen und wenden, bis die ganze Oberfläche geölt ist.

Mit einem feuchten Küchenhandtuch abdecken und bei Raumtemperatur gehen lassen, bis sich die Menge verdoppelt hat – das dauert etwa 1 1/2 Stunden. Teig zusammendrücken, dann auf die Arbeitsfläche legen. Speck und Walnüsse gleichmäßig unterarbeiten.

Teig auswiegen und in 8 gleiche Teile aufteilen. Mit einem Teigroller jedes Stück in ein Oval von etwa 21 x 12 x 1 cm rollen. Mit einem scharfen Messer 8 Schnitte fischgrätenartig in jedes Oval schneiden. Mit großem Abstand voneinander auf die Backbleche legen.

Die Bleche locker mit einem feuchten Küchenhandtuch abdecken und den Teig weitere 15 Minuten bei Raumtemperatur gehen lassen, bis sich der Umfang verdoppelt hat.
Leicht mit Öl bestreichen und im vorgeheizten Ofen bei 200 Grad C/Gas 6 15–20 Minuten goldbraun backen. Auf einem Gitterrost auskühlen lassen.

Variation:
Salami-Fougasses
Walnüsse und Speck durch fein gehackte, luftgetrocknete Salami ersetzen. Salami nach dem ersten Gehen unterkneten. Weiteres Vorgehen wie im Originalrezept.

Diese attraktiven kleinen Brotlaibe stammen aus der Provence, wo man sie mit Oliven, Kräutern, Wurstwaren, ja selbst mit Trockenfrüchten aromatisiert. Der verwendete Räucherspeck sollte von bester Qualität sein.

Dieser Teig muß dreimal gehen. Nicht zuviel Olivenöl verwenden, damit die Struktur leicht und locker wird.

Focaccia mit Rosmarin und Meersalz

15 g frische Hefe, zerkrümelt*
280 ml Wasser, temperiert
6–7 EL natives Olivenöl
2 TL Meersalz
2 EL fein gehackter, frischer Rosmarin plus einige Zweiglein
500 g ungebleichtes Weizenmehl (Type 405)
2 TL grobes Meersalz
Mehl zum Bestäuben
Öl zum Bestreichen

Tiefe Backform von etwa 25 x 35 cm, gefettet

Ergibt 1 Laib

* Bei Verwendung von Trockenhefe einen 7-Gramm-Beutel mit dem Rosmarin zum Mehl geben. Die gesamte Flüssigkeit hinzufügen und im Rezept fortfahren.

In einer Schüssel die Hefe mit der Hälfte des Wassers glattrühren. 3 Eßlöffel Öl und das restliche Wasser hinzufügen. Salz, Rosmarin und die Hälfte des Mehls zufügen und von Hand unter die Hefe rühren. Nach und nach das restliche Mehl zufügen, bis ein weicher, aber nicht klebriger Teig entsteht.

Auf einer leicht bemehlten Arbeitsfläche 10 Minuten kneten, bis der Teig geschmeidig und seidig ist. In eine leicht geölte Rührschüssel legen und wenden, bis die gesamte Oberfläche mit Öl überzogen ist. Mit einem feuchten Küchenhandtuch bedecken und in einem kühlen Raum gehen lassen, bis sich das Volumen verdoppelt hat – das dauert etwa 2 Stunden. Teig zusammendrücken, herausnehmen, dann zu einem Rechteck formen. In die Form drücken, die Ecken ganz ausfüllen und glattdrücken. Abdecken und nochmals 45 Minuten bis 1 Stunde gehen lassen, bis sich die Höhe verdoppelt hat.

Die Finger mit Mehl bestäuben und mit der Fingerspitze in den Teig 1 cm tiefe Löcher drücken. Abdecken und noch einmal eine Stunde gehen lassen, bis sich das Volumen erneut verdoppelt hat. Rosmarinzweige in die Löcher drücken und mit Olivenöl füllen. Mit dem groben Meersalz bestreuen. Im vorgeheizten Ofen bei 220 Grad C/Gas 7 20–25 Minuten goldbraun backen. Auf einem Gitterrost auskühlen lassen.

Focaccia mit Pancetta

Zusätzliche Zutaten:
100–150 g Pancetta oder
Frühstücksspeck
3 EL natives Olivenöl
Meersalz und grob gemahlener
schwarzer Pfeffer

Rechteckige Backform von etwa
25 x 35 cm, gefettet

Ergibt 1 Laib

Dem Rezept auf der vorhergehenden Seite folgen, dabei Rosmarin und Meersalz weglassen.

Während des ersten Gehenlassens Pancetta oder Speck grillen, dann Schwarten- und Knochenreste entfernen. Auf Küchenpapier abtropfen und auskühlen lassen, danach fein hacken und mit grob gemahlenem schwarzem Pfeffer bestreuen.

Den Teig zusammendrücken und Pancetta oder Speck gleichmäßig unterkneten. Teig auf die Größe der Backform ausrollen, dann wie im Grundrezept beschrieben vorgehen. Löcher mit Olivenöl füllen, mit Meersalz und Pfeffer bestreuen.

Backen und auskühlen lassen wie im Grundrezept.

Focaccia mit Kirschtomaten und Basilikum

Zusätzliche Zutaten:
150 g reife, frische Kirschtomaten
1 großer Bund frisches Basilikum
4 EL natives Olivenöl
Meersalz und schwarzer Pfeffer

Rechteckige Backform von etwa
25 x 35 cm, gefettet

Ergibt 1 Laib

Dem Rezept auf der vorhergehenden Seite folgen, dabei Rosmarin und Meersalz weglassen.

Tomaten halbieren, Basilikumblätter von den Stengeln zupfen. Löcher bohren und mit einem Basilikumblatt und einer halben Tomate, Schnittfläche nach oben, füllen.

Teig abdecken und etwa eine Stunde gehen lassen, bis sich das Volumen verdoppelt hat.

Mit Olivenöl beträufeln und mit Salz und Pfeffer bestreuen.

Backen und auskühlen lassen.

Zwei reizvolle Abwandlungen des Grundrezeptes für Focaccia.

Je länger die Oliven im aromatisierten Öl durchziehen, desto besser. Bei Verwendung von grünen Oliven wird das Brot pikanter.

Italienische Ciabatta mit Oliven und Thymian

Oliven in einer Schüssel mit Olivenöl, Thymian und Zitronenschale mischen. Abdecken und 3–4 Stunden oder über Nacht marinieren.

500 g Mehl in eine große Schüssel geben und in der Mitte eine Vertiefung eindrücken. In einer Schüssel die Hefe mit 100 ml Wasser cremig verrühren, dann in die Vertiefung gießen, restliches Wasser hinzufügen und zu einem klebrigen Teig verarbeiten. Mit einem feuchten Küchenhandtuch abdecken und bei Raumtemperatur 3–4 Stunden gehen lassen, bis sich das Volumen verdreifacht hat. Teig zusammendrücken. Oliven abgießen, Zitronenschale herausnehmen und das Öl aufheben. Öl und Salz in den Teig mischen, dann mit dem restlichen Mehl zu einem weichen, klebrigen Teig verkneten. Halbieren und die andere Hälfte in eine weitere Schüssel legen. Oliven zu gleichen Teilen unter die Teigportionen kneten. Mit feuchten Küchentüchern abdecken und in etwa 1 Stunde auf das doppelte Volumen gehen lassen.

Teigportionen jeweils auf ein Backblech legen und zu Rechtecken mit 2,5 cm Dicke formen. Oliven in den Teig drücken, mit Mehl bestäuben und ohne Abdeckung bei Raumtemperatur eine weitere Stunde gehen lassen, bis sich das Volumen erneut verdoppelt hat. Im vorgeheizten Ofen bei 220 Grad C/Gas 7 30 Minuten braun backen.

150 g schwarze Oliven, bevorzugt Kalamata-Oliven, entsteint
150 ml natives Olivenöl
1 Streifen frische Zitronenschale
2 TL frisch gemahlener Thymian
700 g ungebleichtes Weizenmehl (Type 405)
35 g frische Hefe, zerkrümelt *
450 ml kaltes Wasser
2 1/2 TL Meersalz
Mehl zum Bestäuben

2 Backbleche, gefettet

Ergibt 2 Brotlaibe

* Dieses Rezept funktioniert nicht mit Trockenhefe.

Für dieses luftige Brot sollte man aromaintensives Olivenöl und bestes, steingemahlenes Mehl aus biologischem Anbau verwenden.

Olivenölbrot

1 kg ungebleichtes Weizenmehl
(Type 405)
3 1/2 TL Meersalz
20 g frische Hefe, zerkrümelt *
Etwa 600 ml Wasser, temperiert
100 ml natives Olivenöl
Mehl zum Bestäuben

Ein großes Backblech, gefettet

Ergibt 1 großen Laib

* Bei Verwendung von Trockenhefe 10 g zum Mehl und Salz geben, dann wie im Rezept angegeben weiterarbeiten.

Mehl und Salz in einer großen Rührschüssel mischen und in die Mitte eine Vertiefung drücken.

In einer kleinen Schüssel die Hefe mit 2 EL Wasser glattrühren. In die Vertiefung gießen und das restliche Wasser fast vollständig hinzufügen. Schnell das Wasser mit dem Mehl verkneten, dann das Öl zufügen und zu einem kompakten Teig verarbeiten. Eventuell noch das übrige Wasser zufügen – der Teig sollte weich, aber nicht klebrig sein.

Auf eine leicht bemehlte Arbeitsfläche legen und 10 Minuten sorgfältig durchkneten, bis der Teig elastisch und seidenweich ist. In eine große Schüssel legen, mit einem feuchten Küchenhandtuch abdecken und in einem kühlen Raum 2 Stunden bis zur Verdoppelung des Volumens gehen lassen.

Auf die bemehlte Arbeitsfläche legen, nicht mehr eindrücken oder kneten, nur sanft in Form einer 55 cm langen Wurst drücken. An den Enden zu einem Ring zusammendrücken. Auf das Backblech legen, mit einem feuchten Küchenhandtuch abdecken und in einer Stunde auf das doppelte Volumen gehen lassen.

Brot abdecken, mit Mehl bestäuben und im vorgeheizten Ofen bei 230 Grad C/Gas 8 120 Minuten backen. Hitze auf 190 Grad C/Gas 5 reduzieren und etwa weitere 20 Minuten backen, bis das Brot beim Klopfen auf die Unterseite hohl klingt. Auf einem Gitterrost auskühlen lassen.

BROTE MIT GEWÜRZEN & SAMEN

Safranzopf

1 gehäufter TL Safranfäden
150 ml warmes Wasser
700 g Weizenmehl (Type 550)
3 TL Meersalz
1 TL goldener Rohrzucker
25 g Butter, gekühlt und gewürfelt
15 g frische Hefe *
300 ml fettarme Milch, temperiert
1 mittelgroßes Ei, verrührt
Mehl zum Bestäuben
1 Ei, mit einer guten Prise Salz verrührt, zum Glasieren

Ein großes Backblech, gefettet

Ergibt 1 großen Laib

* Bei Verwendung von Trockenhefe einen 7-Gramm-Beutel mit
Mehl, Salz und Zucker vermischen, dann im Rezept wie angegeben fortfahren.

Am Vorabend Safran auf einem Teller im Ofen bei 180 Grad C/ Gas 4 10–15 Minuten erhitzen, ohne daß das Gewürz anbrennt, dann in einer Schüssel zerkrümeln. Warmes Wasser hinzufügen, umrühren, abdecken und über Nacht den Safran auslaugen.

Am nächsten Tag Mehl, Salz und Zucker in einer großen Rührschüssel mischen. Butter hinzufügen und mit den Fingerspitzen zu Streuseln verreiben. In die Mitte eine Vertiefung drücken und den Safransud hineingießen.

In einer kleinen Schüssel Hefe mit der Milch glattrühren. Ei darunter rühren, dann in die Vertiefung im Mehl gießen. Flüssigkeit unterarbeiten, bis sich ein eher fester Teig ergibt. Sollte der Teig nicht glatt werden, eßlöffelweise mehr Milch unterarbeiten. Bei klebriger Konsistenz eßlöffelweise mehr Mehl verwenden.

Teig auf einer bemehlten Arbeitsfläche 10 Minuten gründlich kneten. Der Teig sollte sehr elastisch und seidig sein. In eine geölte Schüssel legen und darin wenden, bis die gesamte Oberfläche leicht mit Öl überzogen ist. Mit einem feuchten Küchenhandtuch abdecken und bei Raumtemperatur 1 1/2 Stunden gehen lassen, bis der Teig sein Volumen verdoppelt hat.

Teig mit den Handknöcheln zusammendrücken und auf eine bemehlte Arbeitsfläche legen. Der Teig sollte geschmeidig, aber nicht weich sein und seine Form behalten. Anderenfalls etwas mehr Mehl unterkneten. Teig auswiegen, in 4 gleich große Teile teilen und wie nachstehend beschrieben zu einem Zopf flechten. Mit einem feuchten Küchenhandtuch bedecken und in einem kühlen Raum etwa 1–1 1/2 Stunden auf doppelte Größe gehen lassen. Nicht zu lange oder bei zu hohen Temperaturen gehen lassen, sonst fängt der Teig an, die Form zu verlieren.

Oberfläche mit Ei glasieren, dann im vorgeheizten Ofen bei 230 Grad C/Gas 8 15 Minuten golden backen. Hitze auf 200 Grad C/ Gas 6 reduzieren und weitere 20–30 Minuten backen, bis die Unterseite beim Klopfen hohl klingt. Auf einem Gitterrost auskühlen lassen.

Einen Zopf flechten:
Mit den Händen die Teigviertel zu Rollen mit 33 cm Länge und 2,5 cm Dicke formen. An einem Ende fest zusammendrücken, dann hinlegen, mit geringem Abstand der Strähnen zueinander. Die Strähne links außen unter den beiden mittleren durchziehen, dann über die letztere oben zurückführen. Die Strähne rechts außen unter den beiden mittleren hindurchführen und über der nun in der Mitte links liegenden oben zurück. Nach diesem Muster weiterflechten, bis die Teigsträhnen verflochten sind. Teigsträhnen am Ende wieder zusammendrücken. Zopf auf ein Backblech legen. Besonders dekorativ wirkt der Zopf, wenn Sie die Enden unter den Teig umschlagen.

Safran gibt Brotteig eine satte, goldene Farbe und ein tiefes, intensives Aroma. Je länger der Safran durchziehen konnte, desto besser.

Challah wird traditionell am jüdischen Sabbat gebacken. Besonders festlich wird es durch die Zugabe von Honig, Safran oder Gewürzen.

Vanille-Challah

230 ml fettarme Milch
2 EL goldener Rohrzucker
1 Vanilleschote, aufgeschlitzt
15 g frische Hefe, zerkrümelt *
700 g ungebleichtes Weizenmehl
(Type 405)
2 1/2 TL Meersalz
85 g Butter, geschmolzen
und gekühlt
3 mittelgroße Eier, verrührt
Mehl zum Bestäuben
Pflanzenöl zum Bestreichen
1 Eigelb, mit einer Prise Salz verrührt, zum Glasieren

Ein großes Backblech,
gefettet

Ergibt 1 Brotlaib

* Bei Verwendung von Trockenhefe einen 7-Gramm-Beutel mit Mehl, Salz und Zucker vermischen, dann im Rezept wie angegeben fortfahren.

Milch mit Zucker und Vanilleschote in einem kleinen Topf zum Kochen bringen. Abdecken und beiseite stellen, bis die Milch lauwarm ist. Vanilleschote entfernen, die Samen in die Milch kratzen. In einer kleinen Schüssel die Hefe mit der Milch glattrühren. Mehl und Salz in einer Schüssel vermischen und in der Mitte eine Vertiefung eindrücken, Flüssigkeit, Butter und Eier hineingeben und verrühren. Mit dem Mehl zu einem weichen, aber nicht klebrigen Teig verrühren. Nötigenfalls eßlöffelweise Wasser oder Mehl unterkneten. Auf einer bemehlten Arbeitsfläche 10 Minuten seidenweich und elastisch kneten.

Schüssel waschen und einölen. Teig hineinlegen und darin wenden, bis er ganz geölt ist. Mit einem feuchten Küchenhandtuch abdecken und 1–1 1/2 Stunden in einem kühlen Raum gehen lassen. Teig zusammendrücken, abdecken und erneut für 45 Minuten gehen lassen. Erneut zusammendrücken und etwa eine Minute durchkneten. Weitere 5 Minuten abgedeckt stehen lassen. Handtuch lockern und weitere 45 Minuten gehen lassen, bis sich das Volumen verdoppelt hat.

Teig teilen und flechten, wie im vorstehenden Rezept beschrieben. Zweimal mit Eigelb dünn glasieren und im vorgeheizten Ofen bei 220 Grad C/Gas 7 10 Minuten backen. Erneut glasieren und die Hitze auf 190 Grad C/Gas 5 reduzieren. 30 Minuten backen, bis der Laib goldbraun ist und hohl klingt, wenn man auf die Unterseite klopft.

Ein Brot mit dem angenehmen Aroma von Roggen, jedoch ohne dessen oft zu schwere und feste Struktur – steingemahlenes Roggenmehl ergibt das kräftigste Aroma.

Roggen-Kümmel-Brot

Beide Mehlsorten, Kümmel und Salz in einer großen Schüssel mischen und eine Vertiefung in die Mitte eindrücken.

In einer kleinen Schüssel Hefe mit etwas Wasser cremig rühren. In die Vertiefung gießen, dann das restliche Wasser zugeben. Mit dem Mehl vermischen, bis sich ein weicher, aber nicht klebriger Teig ergibt. Sind noch Teigkrümel am Boden der Schüssel, mehr Wasser verwenden. Klebt der Teig an den Fingern, eßlöffelweise mehr Mehl zufügen.

Den Teig auf eine leicht bemehlte Arbeitsfläche legen und 10 Minuten gründlich durchkneten. Erneut in die Schüssel geben, mit einem feuchten Küchenhandtuch abdecken und 2 Stunden zum doppelten Volumen gehen lassen.

Teig mit den Handknöcheln zusammendrücken, dann auf die leicht bemehlte Arbeitsfläche legen. In ovale Form kneten. Mit der Handkante eine Falte in die Mitte drücken, dann zu einer Wurst zusammenrollen. Mit der Naht nach unten legen. Auf das Backblech legen, abdecken und eine Stunde auf die doppelte Größe aufgehen lassen. Den Laib aufdecken und mit einem sehr scharfen Messer mehrfach einschlitzen. Im vorgeheizten Ofen bei 200 Grad C/Gas 6 15 Minuten golden backen, dann die Hitze auf 190 Grad C/Gas 5 reduzieren und weitere 20–25 Minuten backen, bis der Laib hohl klingt, wenn auf die Unterseite geklopft wird. Auf einem Gitterrost auskühlen lassen.

400 g ungebleichtes Weizenmehl (Type 405)
300 g Roggenmehl (Type 997)
2 EL Kümmel
3 TL Meersalz
15 g frische Hefe *
450 ml kaltes Wasser
Mehl zum Bestäuben

Backblech, gefettet

Ergibt 1 großes Brot

* Bei Verwendung von Trockenhefe einen 7-Gramm-Beutel mit Mehl, Salz und Zucker vermischen, dann im Rezept wie angegeben fortfahren.

Ein Mischbrot, mit Chiliflocken gesprenkelt. Paßt hervorragend zu Räucherlachs mit Frischkäse – die Zusammenstellung aus scharfen, kühlen und würzigen Aromakomponenten ist unwiderstehlich.

Chilibrot

2–3 TL getrocknete Chiliflocken (nach persönlichem Geschmack auch mehr oder weniger)
250 g Weizenmehl (Type 550)
250 g Vollkorn-Roggenschrot-Mehl
3 TL Meersalz
15 g frische Hefe, zerkrümelt *
450 ml Wasser, temperiert
Mehl zum Bestäuben

Brotbackform für 1 kg Brotteig, gefettet

Ergibt 1 großen Laib

* Bei Verwendung von Trockenhefe einen 7-Gramm-Beutel mit Chiliflocken, Mehl und Salz vermischen, die gesamte Flüssigkeit zufügen und dann im Rezept wie angegeben fortfahren.

Chiliflocken, Mehle und Salz in einer großen Rührschüssel mischen. In einer kleinen Schüssel Hefe mit etwas Wasser cremig rühren. Eine Vertiefung in die Mitte eindrücken, Hefemischung und das restliche Wasser hineingießen. Mit dem Mehl vermischen, bis sich ein weicher, aber nicht klebriger Teig ergibt. Sind noch Teigkrümel am Boden der Schüssel, mehr Wasser verwenden. Klebt der Teig an den Fingern, eßlöffelweise mehr Mehl zufügen.

Den Teig auf eine leicht bemehlte Arbeitsfläche legen und 10 Minuten gründlich durchkneten, bis er sehr elastisch und geschmeidig ist. Erneut in die Schüssel geben, mit einem feuchten Küchenhandtuch abdecken und in einem kühlen Raum in 2 Stunden zum doppelten Volumen gehen lassen.

Teig mit den Knöcheln zusammendrücken, dann auf die leicht bemehlte Arbeitsfläche legen und passend zur Backform formen. In die Backform legen und glattdrücken. Abdecken und in einem kühlen Raum 1 1/2 Stunden gehen lassen, bis der Teig die Form ausfüllt.

Im vorgeheizten Ofen bei 230 Grad C/Gas 8 15 Minuten backen. Hitze auf 200 Grad C/Gas 6 reduzieren und weitere 25–30 Minuten backen, bis das Brot hohl klingt, wenn an die Unterseite geklopft wird.

Ein duftiges Brot, das besonders
gut für Sandwiches oder als Suppenbeilage
geeignet ist.

Mohnbrot

40 g Mohnsamen
650 g ungebleichtes Weizenmehl
(Type 405)
2 TL Meersalz
50 g Butter, gekühlt und gewürfelt
1 1/2 EL goldener Rohrzucker
15 g frische Hefe, zerkrümelt *
375 ml fettarme Milch, temperiert
1 mittelgroßes Ei, verrührt
Mehl zum Bestäuben
Milch zum Bestreichen

Brotbackform für 900 g Teig,
gefettet

Ergibt 1 großes Brot

* Bei Verwendung von Trockenhefe einen 7-Gramm-Beutel mit
Mehl, Salz und Mohn vermischen,
dann im Rezept wie angegeben
fortfahren.

Mohnsamen mit Mehl und Salz vermischen. Butter zufügen und mit den Fingerspitzen zur Konsistenz von Semmelbröseln verreiben. Zucker einrühren, eine Vertiefung in die Mitte drücken. In einer kleinen Schüssel die Hefe mit etwas Milch glattrühren. Mit dem Ei und der restlichen Milch in die Vertiefung gießen. Das Mehl zu einem weichen, aber nicht klebrigen Teig unterarbeiten. Auf einer leicht bemehlten Arbeitsfläche 10 Minuten gründlich kneten. In die Schüssel zurücklegen, mit einem feuchten Küchenhandtuch bedecken und in einem kühlen Raum etwa 1 1/2–2 Stunden auf doppeltes Volumen aufgehen lassen. Den Teig mit den Handknöcheln zusammendrücken, auf die bemehlte Arbeitsfläche legen, eine Minute durchkneten und zu einem 1 cm dicken Rechteck in Größe der Backform formen. Vom kurzen Ende her aufrollen, den Einschnitt mit den Fingern zusammenhalten und den Teig mit der Falte nach unten in die Form legen. Vorstehende Ecken unter den Teig schieben. Die Form sollte etwa halbvoll sein. Mit einem feuchten Küchenhandtuch abdecken und bei Raumtemperatur in einer Stunde auf die doppelte Größe gehen lassen.
Abdecken und mit Milch bestreichen. Im vorgeheizten Ofen bei 230 Grad C/Gas 8 15 Minuten backen, dann die Temperatur auf 200 Grad C/Gas 6 reduzieren und weitere 20–30 Minuten backen, bis das aus der Form genommene Brot beim Klopfen auf die Unterseite hohl klingt.

Mehrkornbrot

Mehl, Körner und Salz in einer großen Rührschüssel gründlich mischen. Eine Vertiefung in die Mitte drücken.

In einer kleinen Schüssel die Hefe mit etwas Wasser glattrühren. In die Vertiefung gießen, Öl und alles Wasser bis auf 50 ml hinzufügen. Schrittweise das Mehl unterarbeiten, bis ein weicher, aber nicht klebriger Teig entstanden ist, nötigenfalls mehr Wasser zugeben. Auf einer leicht bemehlten Arbeitsfläche 10 Minuten sorgfältig durchkneten. Teig wieder in die Schüssel legen, mit einem feuchten Küchenhandtuch abdecken und in einem kühlen Raum 1 1/2 bis 2 Stunden gehen lassen, bis sich das Volumen verdoppelt hat.

Teig mit den Handknöcheln zusammendrücken, auf die Arbeitsfläche legen, eine Minute kneten, dann in zwei Teile teilen. Jede Hälfte passend zur Backform formen, hineinlegen und die Ecken unter den Teig stecken – jede Form sollte zur Hälfte gefüllt sein. Abdecken und noch eine Stunde gehen lassen, bis der Teig die Form ausfüllt.

Mit einem scharfen Messer den Teig mehrfach einschneiden. Mit Milch bestreichen und mit den Samen bestreuen. Im vorgeheizten Backofen bei 200 Grad C/Gas 6 35 Minuten goldbraun backen – die Laibe sind durch, wenn sie beim Klopfen auf die Unterseite hohl klingen. Auf einem Gitterrost abkühlen lassen.

Gesunde Samen im Überfluß, aromatisch und mit Biß: dieses feste Brot ergibt wunderbaren Toast!

450 g ungebleichtes Weizenmehl (Type 405)
200 g Dinkel
20 g Mohn
30 g Leinsamen
30 g Sesamsamen
30 g Sonnenblumenkerne
30 g Kürbiskerne
3 TL Meersalz
15 g frische Hefe, zerkrümelt*
425–450 ml Wasser, temperiert
1 EL Olivenöl
Mehl zum Bestäuben
Milch zum Bestreichen
Lein- und Sesamsamen zum Bestreuen

2 Brotbackformen für 450 g Teig, gefettet

Ergibt 2 mittelgroße Brote

* Bei Verwendung von Trockenhefe einen 7-Gramm-Beutel mit Mehl und Salz vermischen, dann im Rezept wie angegeben fortfahren.

Pumpernickel

250 g Roggenschrot
150 g grobes Vollkornmehl
100 g Dinkelmehl
50 g Gerstenmehl
50 g feines Hafermehl
50 g Buchweizenmehl
100 g Weizenmehl (Type 405)
2 TL Meersalz
1 1/2 EL dunkler Roh-Rohrzucker
20 g frische Hefe, zerkrümelt *
370 ml Wasser
50 g dunkler Sirup
1 EL Pflanzenöl

Brotform für 900 g Teig, gefettet

Ergibt 1 großes Brot

* Bei Verwendung von Trockenhefe 10 g mit dem Weizenmehl
mischen. Die anderen Mehle, Salz
und Zucker vermischen, eine Vertiefung eindrücken, Wasser hineingießen und das Weizenmehl
unterarbeiten. Dann im Rezept
wie angegeben fortfahren.

Die verschiedenen Mehlsorten, Salz und Zucker in einer großen Rührschüssel mischen und eine Vertiefung in die Mitte drücken. In einer kleinen Schüssel die Hefe mit etwas Wasser glattrühren. Restliches Wasser unterrühren, dann in die Vertiefung gießen. Etwas Mehl mit der Flüssigkeit mischen, bis sich ein dickflüssiger Vorteig ergibt. Mit etwas Mehl bestreuen, damit sich keine Haut bildet, dann den Vorteig abgedeckt 30 Minuten gehen lassen, bis er Blasen schlägt.

Sirup und Öl zum Vorteig gießen und mit dem gesamten Mehl zu einem weichen, leicht klebrigen Teig verarbeiten. Dieser Teig ist schwerer zu verarbeiten als normaler Brotteig. Sollte der Teig dennoch zu trocken oder schwerfällig erscheinen, noch etwas Wasser zufügen. Wenn der Teig zu feucht oder zu klebrig ist, eßlöffelweise etwas Weizenmehl unterarbeiten.

Auf einer bemehlten Arbeitsfläche 5 Minuten gründlich durchkneten. Teig mit einer umgedrehten Schüssel abdecken und 5 Minuten ruhen lassen, dann weitere 5 Minuten kneten. Teig wieder in die Schüssel legen, mit einem feuchten Küchenhandtuch abdecken und 3 Stunden gehen lassen, bis sich das Volumen verdoppelt hat.

Teig zusammendrücken, auf die leicht bemehlte Arbeitsfläche legen und 1 Minute kneten. Zu einem Brotlaib formen, der in die Form paßt, hineinlegen und bis in die Ecken drücken. Der Teig sollte die Hälfte der Form ausfüllen. Mit einem feuchten Küchenhandtuch abdecken und bei normaler Raumtemperatur 1 1/2 bis 2 Stunden gehen lassen, bis der Teig den Rand der Form erreicht.

Im vorgeheizten Ofen bei 200 Grad C/Gas 6 etwa 40 Minuten dunkelbraun backen. Der Teig sollte hohl klingen, wenn an die Unterseite geklopft wird. Auf einem Gitterrost vollständig aus- kühlen lassen, dann in Pergamentpapier mindestens 1–2 Tage ruhen lassen, bevor das Brot in dünne Scheiben aufgeschnitten wird. Das Brot reift nach und schmeckt vier Tage nach dem Backen am besten.

Variante:

Rosinen-Pumpernickel

90 g Rosinen oder Sultaninen in einer Schüssel mit Orangensaft bedecken und eine Stunde einweichen. Abtropfen lassen, dann die Rosinen zum Teig hinzufügen, bevor er in die Back- form gelegt wird. Weiteres Vorgehen wie im Grundrezept.

Dunkler Sirup sorgt für die traditionelle dunkle Farbe in diesem festen, aromatischen Brot aus einer durch Roggenmehl geprägten Mehlmischung.

Dinkel hat ein nussiges Aroma und ist in letzter Zeit gerade bei Biobauern beliebt geworden.

Sauerteig-Dinkel-Brot

10 g frische Hefe, zerkrümelt
600 ml Wasser, temperiert
550 g Dinkelmehl
3 TL Meersalz
350 g Weizenmehl (Type 550)
Mehl zum Bestäuben

1 großes Backblech, bemehlt

Ergibt 1 großen Laib

Am Vortag Hefe mit der Hälfte des Wassers glattrühren. 300 g Dinkelmehl zu einem Vorteig unterarbeiten, mit einem feuchten Küchenhandtuch abdecken und 24 Stunden gehen lassen, bis der Vorteig blasig und leicht grau wird.

Am nächsten Tag den Rest des Wassers unterrühren. In eine größere Schüssel füllen und Salz und restliches Mehl mit den Händen unterarbeiten und genug Weizenmehl dazugeben, bis sich ein weicher, aber nicht klebriger Teig ergibt (die Menge hängt dabei von der Qualität des Dinkelmehls ab).

Auf einer bemehlten Arbeitsfläche 10 Minuten kneten. Wenn der Teig immer noch an den Fingern klebt, mehr Mehl verwenden. In die Schüssel zurücklegen, mit einem feuchten Küchenhandtuch abdecken und in einem kühlen Raum in 3 Stunden auf das doppelte Volumen gehen lassen. Teig zusammendrücken, auf die bemehlte Arbeitsfläche legen und 1 Minute kneten. Der Teig sollte fest genug sein, um seine Form beim Backen zu behalten, sonst noch etwas mehr Mehl einkneten.

Zu einem runden Laib formen und auf das Backblech legen. Locker abdecken und 1 1/2–2 Stunden gehen lassen, bis der Laib seine Größe nahezu verdoppelt hat. Oberfläche mehrfach mit einem scharfen Messer einritzen, mit Weizenmehl bestreuen und im vorgeheizten Ofen bei 220 Grad C/Gas 7 20 Minuten backen. Hitze auf 200 Grad C/Gas 6 reduzieren und in 15 Minuten fertig backen – das Brot sollte hohl klingen, wenn auf die Unterseite geklopft wird. Dieses Brot ist lange haltbar: tiefgekühlt bis zu einem Monat.

Vollkornschrot-Bier-Brot

400 g Vollkornmehl
100 g Vollkorn- oder Weizen-
schrot
2 TL Meersalz
15 g frische Hefe, zerkrümelt *
1 EL lauwarmes Wasser
350 ml Bier, temperiert
Mehl zum Bestäuben

Backblech, gefettet

Ergibt 1 mittelgroßes Brot

* Bei Verwendung von Trockenhefe 7 Gramm mit dem Mehl vermischen, dann wie im Rezept
angegeben fortfahren. Das Wasser
durch einen Eßlöffel mehr Bier
ersetzen.

Mehl und Salz in einer großen Rührschüssel mischen. Eine Vertiefung in die Mitte drücken. In einer kleinen Schüssel Hefe mit dem Wasser glattrühren. Zusammen mit dem Bier in die Vertiefung gießen. Zu einem weichen, aber nicht klebrigen Teig verrühren und mehrere Minuten durcharbeiten.

Die Flüssigkeitsmenge hängt von der Aufnahmefähigkeit des Mehls ab, aber der Teig unterscheidet sich deutlich von einem Weißbrotteig. Wenn er sehr naß erscheint, eßlöffelweise mehr Mehl verwenden. Bleibt der Teig zu trocken oder schwer, eßlöffelweise mehr Bier oder Wasser einarbeiten.

5–7 Minuten auf einer bemehlten Arbeitsfläche durchkneten, bis der Teig weich und geschmeidig ist. In die Schüssel zurücklegen, mit einem feuchten Küchenhandtuch abdecken und bei Zimmertemperatur in etwa 2 Stunden auf das doppelte Volumen gehen lassen. Teig zusammendrücken und zu einem Ball formen. Auf das Backblech legen, locker abdecken und nochmals eine Stunde gehen lassen, bis sich das Volumen erneut verdoppelt hat.

Abdecken, die Oberfläche mit einem scharfen Messer mehrfach einschneiden, mit Vollkornschrot bestreuen und im vorgeheizten Ofen bei 220 Grad C/Gas 7 30–35 Minuten goldbraun backen.

Dunkelbier, Rauch- oder Starkbier, aber auch irisches Guinness ergeben den intensivsten Geschmack, Altbier eher subtile Aromakomponenten.

MIT FRÜCHTEN & NÜSSEN

Honig-Nuß-Brot

350 g steingemahlenes
Vollkornmehl
350 g ungebleichtes Weizenmehl
(Type 405)
2 1/2 TL Meersalz
20 g frische Hefe, zerkrümelt *
350 g Wasser, temperiert
3 EL aromatischer Honig
Mehl zum Bestäuben
300 g Nüsse (nach Belieben
Walnüsse, Haselnüsse, Mandeln,
Cashewkerne und Macadamia-
Nüsse), leicht angeröstet und
grob gehackt

2 Backbleche, gefettet

Ergibt 2 mittelgroße Brotlaibe

* Bei Verwendung von Trockenhefe 7 Gramm mit dem Mehl und
Salz mischen, Wasser und Honig
hinzufügen, dann wie im Rezept
angegeben fortfahren.

Mehl und Salz in einer großen Rührschüssel mischen und eine Vertiefung in die Mitte drücken. In einer Schüssel die Hefe mit etwas Wasser glattrühren, dann in die Vertiefung gießen.

Honig im restlichen Wasser auflösen und hinzufügen. Schrittweise das Mehl unter die Flüssigkeit zu einem weichen, aber nicht klebrigen Teig arbeiten.

Sollte der Teig an den Fingern kleben bleiben, eßlöffelweise etwas Mehl einarbeiten. Sollten noch trockene Krümel am Boden der Schüssel verbleiben oder der Teig nur schwer zu kneten sein, eßlöffelweise mehr Wasser einarbeiten.

Der Teig auf einer leicht bemehlten Arbeitsfläche 10 Minuten geschmeidig kneten. Mit der Hand glattdrücken, ein Drittel der Nüsse darüberstreuen, dann mehrfach zusammenfalten, um die Nüsse gleichmäßig zu verteilen. Vorgang noch zweimal wiederholen, Teig zu einer Kugel formen und wieder in die Schüssel legen.

Mit einem feuchten Küchenhandtuch abdecken und etwa 2 Stunden in einem kühlen Raum zum doppelten Volumen gehen lassen. Teig zusammendrücken und auf der bemehlten Arbeitsfläche eine Minute kneten, um sicherzustellen, daß die Nüsse gleichmäßig verteilt sind.

Teig in 2 Teile teilen. Jede Hälfte zu einer Kugel formen und eventuell vorstehende Nuß-Stücke in den Teig zurückdrücken.

Jede Teigkugel auf ein Backblech legen, wieder abdecken und 1 1/2 Stunden bei Zimmertemperatur gehen lassen, bis sich das Volumen verdoppelt hat. Brotlaibe abdecken und die Oberfläche mit einem scharfen Messer diagonal mehrfach einritzen.

**Backen Sie dieses aromatische Mischbrot mit seiner Fülle an Nüssen
mit einem anregenden Honig wie etwa Heidehonig.
Jede Zusammenstellung an Nüssen ist herrlich, aber die Nüsse
sollten in jedem Fall angeröstet sein. Mit Butter, Frischkäse
oder zur Käseplatte servieren.**

In einem vorgeheizten Ofen bei 220 Grad C/Gas 7 15 Minuten backen, dann die Temperatur auf 190 Grad C/Gas 5 reduzieren und weitere 20–25 Minuten backen.
Die Brotlaibe sollten hohl klingen, wenn man auf die Unterseite klopft. Auf einem Gitterrost auskühlen lassen. Innerhalb von 4 Tagen verzehren, tiefgekühlt einen Monat haltbar.

Variation:
Amerikanisches Ahornsirup-Nuß-Brot
Eine wundervolle Kombination traditioneller Zutaten aus Amerika: getrocknete Preiselbeeren, Ahornsirup und Pecannüsse. Statt der angerösteten Nüsse 75 g getrocknete Preiselbeeren und 150 g grob gehackte Pecannüsse verwenden. Statt des Honigs 3 Eßlöffel Ahornsirup verwenden und wie im Originalrezept vorgehen.

Hochwertiges Müsli ohne Zuckerzusatz, mit Zutaten
wie Rosinen, Datteln, Weizenflocken, Haferflocken, Äpfeln,
Aprikosen, Haselnüssen und Mandeln.

Müsli-Rundlaib

Mehl, Müsli und Salz in einer großen Rührschüssel mischen.
Eine Vertiefung in die Mitte drücken. In einer Schüssel die Hefe
mit 3 Eßlöffeln der Milchmischung glattrühren. Den Rest der
Flüssigkeit, Honig und Öl unterrühren, dann in die Vertiefung
gießen.

Schrittweise die trockenen Zutaten mit der Flüssigkeit zu
einem recht festen Teig vermischen. Sollte dieser trocken oder
zu schwerfällig erscheinen oder trockene Krümel am Boden
der Schüssel zurückbleiben, noch etwas Milch oder Wasser
zufügen. Wenn der Teig an den Fingern kleben bleibt, etwas
mehr Weizenmehl eßlöffelweise unterkneten. Die Flüssigkeitsmenge hängt vom Aufnahmevermögen der Müslimischung ab.

Auf einer leicht bemehlten Arbeitsplatte 5 Minuten durchkneten. In die Schüssel legen, mit einem feuchten Küchenhandtuch
abdecken und bei Raumtemperatur in 1–1 1/2 Stunden auf
doppeltes Volumen gehen lassen.

Auf die leicht bemehlte Arbeitsfläche legen und 1 Minute
durchkneten. Zu einem runden Laib von 20 cm Durchmesser
formen. Auf das vorbereitete Backblech legen und mit einem
scharfen Messer 8 Stücke anzeichnen. Abdecken und eine weitere Stunde gehen lassen.

Aufdecken und mit Vollkornmehl bestäuben. Im vorgeheizten
Ofen bei 220 Grad C/Gas 7 30 Minuten backen.

500 g Weizenmehl (Type 550)
100 g Vollkornmehl
250 g ungesüßtes Müsli
2 TL Salz
15 g frische Hefe, zerkrümelt *
Etwa 400 ml Milch-Wasser-
Mischung, temperiert
1 EL Honig
2 EL Pflanzenöl
Mehl zum Bestäuben

Backblech, gefettet

Ergibt 1 großen Rundlaib

* Bei Verwendung von Trockenhefe 7 Gramm mit den Mehlsorten,
dem Müsli und Salz vermi-
schen. Die gesamte
Flüssigkeitsmenge hinzufügen
und wie im Rezept beschrieben
fortfahren.

Blauschimmelkäse-Walnuß-Ring

300 g ungebleichtes Weizenmehl
(Type 405)
1 TL Meersalz
40 g Butter, gekühlt und gewürfelt
10 g frische Hefe, zerkrümelt *
50 ml Milch, mit 50 ml Wasser vermischt, temperiert
1 mittelgroßes Ei, verrührt
Mehl zum Bestäuben

Für die Blauschimmelkäse-Walnuß-Füllung:
200 g Frischkäse
1 EL Milch
50 g fein gehackte Mandeln
125 g Blauschimmelkäse
125 g Walnußstücke
Frisch gemahlener
schwarzer Pfeffer

Backblech, gefettet

Ergibt 1 Laib

* Bei Verwendung von Trockenhefe 2 TL davon mit Mehl und Salz mischen, dann wie im Rezept angegeben vorgehen.

Mehl und Salz in einer großen Schüssel mischen. Die Butter mit den Fingerspitzen unterrühren, bis die Konsistenz von Semmelbröseln erreicht ist. Eine Vertiefung in die Mitte drücken.

In einer kleinen Schüssel die Hefe mit Milch und Wasser glattrühren. Ei unterrühren, dann in die Vertiefung gießen. Schrittweise das Mehl unterarbeiten, bis sich ein weicher, aber nicht klebriger Teig ergibt. Diesen auf einer bemehlten Arbeitsfläche 10 Minuten seidenweich und geschmeidig kneten. In die Schüssel zurücklegen, mit einem feuchten Küchenhandtuch abdecken und in 1 Stunde bei Zimmertemperatur auf das doppelte Volumen aufgehen lassen.

Für die Füllung den Frischkäse mit der Milch glattrühren, Walnüsse unterheben und mit Pfeffer abschmecken. Blauschimmelkäse zerkrümeln und mit den Walnüssen mischen.

Den Teig zusammendrücken und auf der leicht bemehlten Arbeitsfläche zu einem Rechteck von 33 x 30 cm ausrollen. Mit dem Frischkäse bestreichen, dann mit Blauschimmelkäse und Walnüssen bestreuen. Teig zu einer Rolle formen und diese so lange rollen, bis sie 60 cm lang ist. Längs mit einem scharfen Messer halbieren. Die beiden Hälften mit den Schnittflächen nach oben ineinander verdrehen und auf dem Backblech zu einem hübschen Ring formen.

Locker mit einem feuchten Küchentuch abdecken und bei Zimmertemperatur 45 Minuten bis 1 Stunde gehen lassen, bis sich das Volumen des Teiges verdoppelt hat. Im vorgeheizten Ofen bei 200 Grad C/Gas 6 in 25 Minuten goldbraun und fest backen. Auf einem Gitterrost auskühlen lassen.

Ein aromatisches, nicht zu süßes Brot – die perfekte Ergänzung zu kaltem Braten und eingelegtem Gemüse.

Sauerkirschbrot

350 g ungebleichtes Weizenmehl (Type 405)
150 g Roggenmehl, bevorzugt steingemahlenes
80 g getrocknete Sauerkirschen
2 TL Meersalz
15 g frische Hefe, zerkrümelt *
Etwa 300 ml frisches Leitungswasser
Mehl zum Bestäuben

Backblech, gefettet

Ergibt 1 mittelgroßes Brot

* Bei Verwendung von Trockenhefe 7 Gramm zum Mehl geben, dann im Rezept fortfahren.

Mehl, getrocknete Kirschen und Salz in einer großen Schüssel mischen und eine Vertiefung in die Mitte drücken. In einer kleinen Schüssel die Hefe mit der Hälfte des Wassers glattrühren. In die Vertiefung gießen, das restliche Wasser hinzufügen, dann schrittweise das Mehl unterarbeiten, bis ein weicher, aber nicht mehr klebriger Teig entsteht. Sollte der Teig weiterhin klebrig und schwierig zu verarbeiten sein, eßlöffelweise mehr Weizenmehl unterarbeiten. Trockener und steifer Teig wird geschmeidiger durch eßlöffelweise Zugabe von Wasser.

Auf einer leicht bemehlten Arbeitsfläche 10 Minuten kneten, bis der Teig seidenweich und elastisch ist. In die Schüssel zurücklegen, mit einem feuchten Küchenhandtuch abdecken und in 2 Stunden auf das doppelte Volumen gehen lassen.

Teig zusammendrücken und auf die leicht bemehlte Arbeitsfläche legen. Sanft zu einem Oval kneten. Mit der Handkante eine Falte in der Mitte formen, dann den Teig zu einer Wurst von 25 cm aufrollen. Mit der Spalte nach unten auf das Backblech legen. Abdecken und in einer Stunde auf das doppelte Volumen gehen lassen.

Brot abdecken und die Oberfläche mehrere Male mit einem sehr scharfen Messer einritzen. Im vorgeheizten Ofen bei 220 Grad C/Gas 7 15 Minuten goldbraun backen. Hitze auf 190 Grad C/Gas 5 reduzieren und weitere 10–15 Minuten backen, bis der Brotlaib beim Klopfen auf die Unterseite hohl klingt.

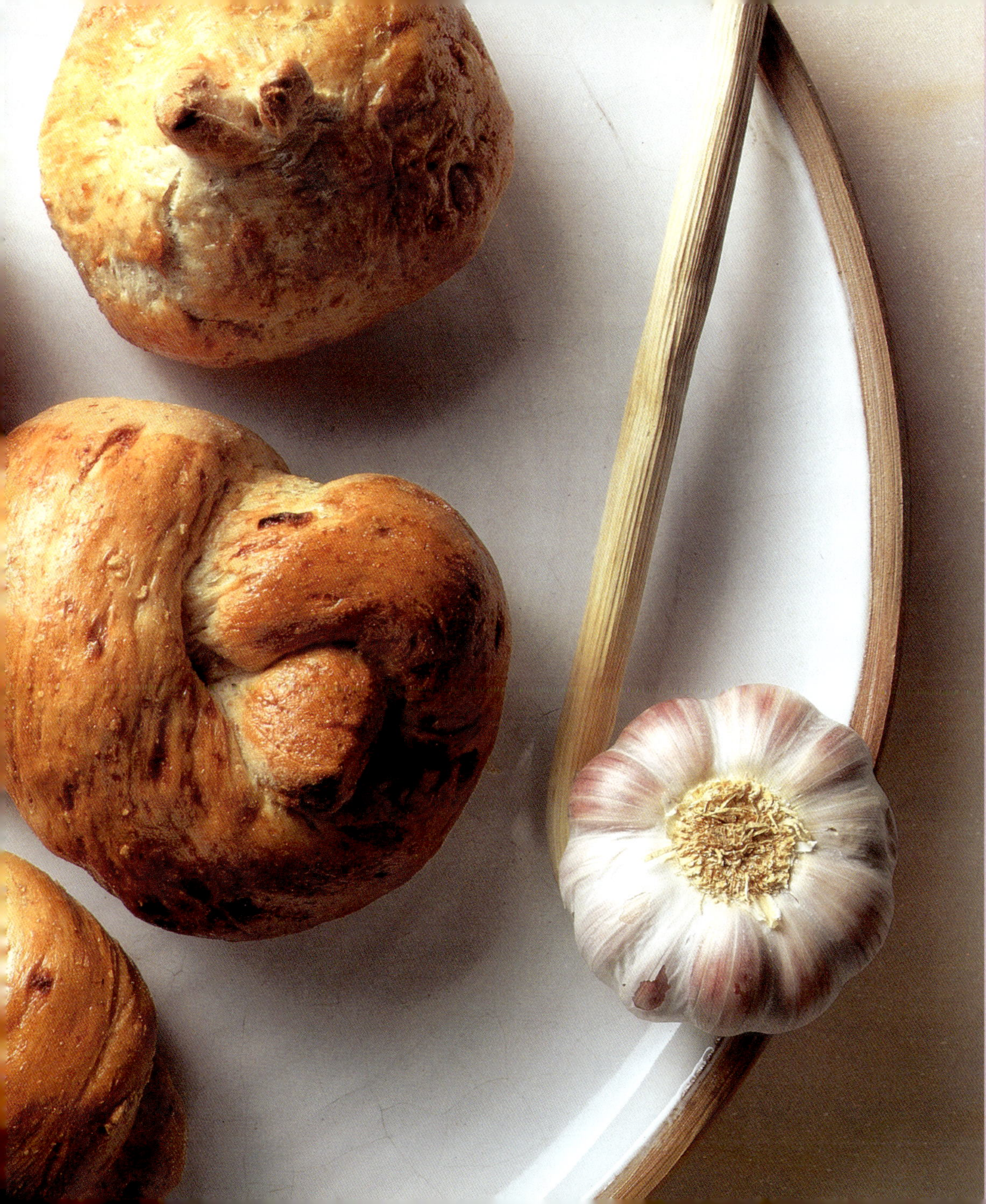

BROTE MIT GEMÜSE & KÄSE

Das Andünsten der Zwiebeln und die
Verwendung von Roggenmehl sorgen für
ausgeprägten Geschmack ohne Bitterstoffe.

Zwiebelbrötchen

1 große Zwiebel, fein gehackt
1/2 TL Rohrzucker
25 g Butter
400 g Weizenmehl (Type 550)
100 g Roggenbrot, bevorzugt
steingemahlenes
2 1/2 TL Meersalz
15 g frische Hefe, zerkrümelt *
300 ml Wasser, temperiert
Mehl zum Bestäuben
1 Ei, mit einer Prise Salz verrührt,
zum Glasieren

2 Backbleche, gefettet

Ergibt 14 Stück

* Bei Verwendung von Trockenhefe 7 Gramm mit Mehl und Salz
verrühren, Wasser und Zwiebelmi-
schung zufügen und wie im
Rezept beschrieben fortfahren.

In einer schweren Bratpfanne Zwiebeln, Zucker und Butter bei milder Hitze unter Rühren andünsten, bis die Zwiebeln weich und karamelisiert sind. Auskühlen lassen.

Mehl und Salz in eine Schüssel geben und eine Vertiefung in die Mitte drücken. In einer kleinen Schüssel Hefe mit etwas Wasser glattrühren, zusammen mit den Zwiebeln und dem restlichen Wasser in die Vertiefung geben. Mehl unterarbeiten, bis sich ein weicher, aber nicht mehr klebriger Teig ergibt. Wenn der Teig an den Fingern oder der Schüssel klebt, eßlöffelweise mehr Mehl zufügen. Sind trockene Krümel am Schüsselboden, langsam eßlöffelweise mehr Wasser zufügen.

Auf einer bemehlten Arbeitsfläche 10 Minuten kneten, bis der Teig nachgiebig und elastisch ist. In die Schüssel zurücklegen, mit einem feuchten Küchenhandtuch bedecken und in einem kühlen Raum in 1–1 1/2 Stunden auf das doppelte Volumen gehen lassen. Teig zusammendrücken, auf die bemehlte Arbeitsfläche legen und 1 Minute durchkneten. Auswiegen und in 14 gleich schwere Stücke teilen. Zu Kugeln formen und mit ausreichend Abstand auf die Backbleche legen.

Für die Zwiebelform die Teigmitte hochziehen und kurz drehen, bis sich kleine Stengel bilden. Vorsichtig mit einem feuchten Tuch abdecken. 30 Minuten gehen lassen, bis sich das Volumen verdoppelt hat. Mit Ei glasieren, dann im vorgeheizten Ofen bei 220 Grad C/Gas 7 15–20 Minuten goldglänzend backen.

Gebackener Knoblauch sorgt für ein köstliches, nie penetrantes Aroma.

Knoblauchknoten

Mehl und Salz in einer großen Schüssel mischen und eine Vertiefung in die Mitte drücken. In einer kleinen Schüssel Hefe mit etwas Wasser glattrühren. Öl einrühren, in die Vertiefung gießen und das Mehl unterarbeiten, so daß sich ein weicher, aber nicht klebriger Teig ergibt. Wenn der Teig zu klebrig ist, eßlöffelweise mehr Mehl unterarbeiten. Sind noch trockene Krümel in der Schüssel, etwas mehr Wasser verwenden.

Auf einer bemehlten Arbeitsfläche 10 Minuten seidenweich und geschmeidig kneten. In die Schüssel zurücklegen, mit einem feuchten Küchenhandtuch abdecken und in 1 1/2 bis 2 Stunden in einem kühlen Raum auf das doppelte Volumen gehen lassen.

Knoblauch im vorgeheizten Ofen bei 190 Grad C/Gas 5 10 Minuten backen, bis sich die Haut schält und die Zehen weich sind. Auskühlen lassen, schälen, dann salzen und mit einem Messerrücken zerdrücken.

Teig zusammendrücken und auswiegen. Auf der bemehlten Arbeitsfläche in 12 gleiche Teile teilen. Zu Strangen von 20 cm Länge formen und leicht glattdrücken. Knoblauchpaste darauf verstreichen, dann zu Knoten knoten. Mit Abstand auf die Backbleche setzen und lose mit dem Küchentuch abdecken, dann 45 Minuten gehen lassen, bis sich das Volumen verdoppelt hat.

Mit Ei glasieren und im vorgeheizten Ofen bei 220 Grad C/ Gas 7 10–15 Minuten goldbraun backen. Die Knoten sollten beim Klopfen auf die Unterseite hohl klingen. Auf einem Gitterrost auskühlen lassen.

500 g Weizenmehl (Type 550)
1 1/2 TL Meersalz
10 g frische Hefe, zerkrümelt *
300 ml kaltes Leitungswasser
1 EL natives Olivenöl
12 ungeschälte Knoblauchzehen
1 Prise Salz
Mehl zum Bestäuben
1 Ei, mit einer
Prise Salz verrührt,
zum Glasieren

2 Backbleche,
gefettet

Ergibt 12 Stück

* Bei Verwendung von Trockenhefe 5 Gramm mit Mehl und Salz mischen. Mit dem Rezept wie angegeben fortfahren.

**Mit Kürbis läßt sich ein feines, goldgelbes
Brot backen, das sich hervorragend
als Toast eignet.**

Kürbisbrot

Kürbis schälen und entkernen. Fruchtfleisch in 1 cm große Würfel schneiden – es werden ca. 400 g Fruchtfleisch benötigt. Würfel ohne Wasser in einem Dampfgarer oder in der Mikrowelle weich kochen. In der Küchenmaschine mit dem Öl pürieren. Auf lauwarme Temperatur abkühlen, dann Salz und Zucker unterrühren.

In einer kleinen Schüssel die Hefe mit einem Eßlöffel lauwarmem Wasser glattrühren. Hefe unter das Püree ziehen.

Mehl in eine große Schüssel geben und eine Vertiefung in die Mitte drücken. Das Püree hineinfüllen, mit dem Mehl zu einem weichen, aber nicht klebrigen Teig verarbeiten. Auf einer bemehlten Arbeitsfläche 5 Minuten durchkneten.

Teig zu einem runden Laib von 18 cm Durchmesser formen und auf das Backblech legen. Abdecken und bei Zimmertemperatur in etwa 1 1/2 Stunden auf doppeltes Volumen gehen lassen. Mit dem Daumen in die Mitte des aufgegangenen Laibs eine kleine Vertiefung drücken, dann den Laib sorgfältig mit Ei glasieren.

Mit einem scharfen Messer Segmente in den Laib einritzen, dann im vorgeheizten Ofen bei 200 Grad C/Gas 6 30 Minuten goldbraun backen. Der Laib ist durchgebacken, wenn er beim Klopfen auf die Unterseite hohl klingt. Auf einem Gitterrost auskühlen lassen.

700 g Kürbis, etwa Kabocha-Kürbis oder Turban-Kürbis
1 EL natives Olivenöl
2 1/2 TL Meersalz
2 TL goldener Rohrzucker
15 g frische Hefe, zerkrümelt *
350 g Weizenmehl (Type 550)
Mehl zum Bestäuben
1 Ei, mit einer Prise Salz verrührt, zum Glasieren

Backblech, gefettet

Ergibt 1 mittelgroßes Brot

* Bei Verwendung von Trockenhefe 7 Gramm mit dem Mehl mischen, dann das Kürbispüree unterarbeiten. Sollte der Teig zu trocken oder noch trockene Krümel am Schüsselboden geblieben sein, etwas mehr kaltes Wasser zufügen.

Käsebrioche

15 g frische Hefe *
100 ml lauwarme, fettarme Milch
2 mittelgroße Eier
1 TL Meersalz
1/4 TL Cayennepfeffer
300 g Weizenmehl (Type 550)
50 g Butter, weich
100 Greyerzer, gerieben, sowie
25 Gramm extra zum Bestreuen
Mehl zum Bestäuben
1 Ei, mit einer großzügigen Prise
Salz verrührt, zum Glasieren

Brotbackform für 500 g Teig,
gefettet

* Bei Verwendung von Trockenhefe 7 Gramm mit dem Mehl
mischen und in die Flüssigkeiten
unterarbeiten. Mit dem Rezept
wie angegeben fortfahren.

Hefe in die Rührschüssel des elektrischen Handmixers krümeln. Milch zugießen und mit den Schlagbesen durchrühren. Eier unterschlagen, dann Salz und Cayennepfeffer.

Mit den Knethaken bei niedriger Geschwindigkeit schrittweise das Mehl zu einem weichen, aber nicht klebrigen Teig unterarbeiten. Weitere 5 Minuten kneten, bis der Teig glatt und elastisch ist.

Die weiche Butter zufügen und in 3–4 Minuten komplett einarbeiten. Abdecken und in 1 1/2 Stunden bei Raumtemperatur auf das doppelte Volumen aufgehen lassen.

Den geriebenen Käse bei niedriger Geschwindigkeit in einer Minute unterkneten, dann den Teig auf einer bemehlten Arbeitsfläche zu einem in die Form passenden Teig kneten.

In die Form legen, mit einem feuchten Küchenhandtuch abdecken und in 1 Stunde auf die doppelte Größe aufgehen lassen (der Teig sollte die Form jetzt völlig ausfüllen).

Sanft mit Ei bestreichen, ohne an die Form zu kommen – der Teig klebt dort sonst an.

Mit dem restlichen Käse bestreuen und im vorgeheizten Backofen bei 200 Grad C/Gas 6 35 Minuten goldbraun backen – das Brot sollte beim Klopfen auf die Unterseite hohl klingen.

Auf einem Gitterrost auskühlen lassen.

Ein intensiv aromatisches, dabei leichtes Brot – anders als klassische Brioche ganz einfach mit dem Mixer hergestellt. Besonders gut zu Käse, Salat oder Suppe.

Käsebrötchen mit Cheddar-käse und Zwiebeln

650 g ungebleichtes Weizenmehl
(Type 405)
2 TL Meersalz
1 TL Senfpulver
150 g Cheddarkäse, gerieben
40 g Frühlingszwiebeln,
fein gehackt
15 g frische Hefe, zerkrümelt *
200 ml fettarme Milch, temperiert
200 ml Wasser, temperiert
Mehl zum Bestäuben
Öl zum Ausfetten der Schüssel
Milch zum Bestreichen
50 g reifer Cheddar zum
Bestreuen

2 Backbleche, leicht gefettet

Ergibt 12 Stück

* Bei Verwendung von Trocken-hefe 7 Gramm zum Mehl geben, dann wie im Rezept angegeben fortfahren.

Mehl, Salz, Senfpulver, Käse und Zwiebeln in einer großen Schüssel mischen und in die Mitte eine Vertiefung drücken.

In einer kleinen Schüssel die Hefe mit der Milch glattrühren, dann das Wasser einrühren. In die Vertiefung gießen. Schritt-weise das Mehl unterarbeiten, bis ein weicher, aber nicht klebriger Teig entsteht.

Auf einer bemehlten Arbeitsfläche 10 Minuten kneten, bis der Teig nachgiebig und elastisch ist. Der Teig kann auch 5 Minuten mit den Knethaken des Handmixers geknetet werden.

Teig in einer leicht gefetteten Schüssel wenden, bis die gesamte Oberfläche mit Öl überzogen ist. Mit einem feuchten Küchentuch abdecken und 1 1/2 bis 2 Stunden auf doppeltes Volumen aufgehen lassen.

Teig zusammendrücken, dann einige Sekunden auf der Arbeitsfläche durchkneten. In 12 gleiche Teile teilen und zu Ovalen von 11 x 8 x 3 cm formen. Mit ausreichend Abstand auf die Backbleche verteilen.

Mit Milch bestreichen, mit Käse bestreuen und weitere 30 Mi-nuten auf doppelte Größe aufgehen lassen.

Mit dem Daumen in die Mitte jedes Brötchens eine Vertiefung drücken, dann im vorgeheizten Ofen bei 220 Grad C/Gas 7 15 Minuten goldbraun backen.

Am besten schmecken die Brötchen mit gereiftem Käse – junger Cheddar ist zu aus-druckslos für dieses Rezept.